L'ATTACHEMENT DU FIDELE A JESUS-CHRIST OU SERMON

Sur ces paroles de l'Evangile ſelon ſaint Jean

Chap. 6. verſ. 67. & 68.

Dont Jeſus dit aux douze, & vous ne vous en voulez-vous point auſſi aller?

Simon Pierre donc lui répondit, Seigneur, à qui irons-nous? Tu as les paroles de vie eternelle.

Prononcé à la Haye le 2 Mars 1687.

A AMSTERDAM,
Chez HENRY DESBORDES Marchand-Libraire dans le Kalver-Straat, prés le Dam.

M. DC. LXXXVII.

****

L'ATTACHEMENT DU FIDELE A JESUS-CHRIST OU SERMON

Sur ces paroles de l'Evangile selon saint Jean Chap. 6. verſ. 67. & 68.

Dont Jeſus dit aux douze, & vous ne vous en voulez-vous point auſſi aller?
Simon Pierre donc lui répondit, Seigneur, à qui irons nous? Tu as les paroles de vie eternelle.

MES FRERES.

IL n'y a rien de plus grand ni de plus heroïque dans l'hiſtoire de l'ancien Iſraël que la conſtance merveilleuſe de Joſüé & de Caleb au milieu de la rebellion generale de ce grand peuple. Car à peine les eſpions qui avoient été en- Nomb. 13. 31.

 voyez

voyez en Canaan, eurent-ils fait leur rapport à l'Assemblée, qu'elle se souleva d'un commun accord. La seule description qu'ils firent de cette terre promise jetta aussi-tôt la frayeur dans les esprits, & chacun perdit courage, au seul recit des difficultez qui devoient les détourner d'en entreprendre la conquête. La taille enorme & prodigieuse d'un nombre considerable de ses habitans, la force étonnante de ses villes que leur situation avantageuse, & la hauteur de leur remparts faisoient passer pour imprenables, furent autant de raisons qui troublerent les Israëlites, ne jugeans pas qu'il fût possible qu'un païs si bien muni tombât jamais entre leurs mains. Dans cet effroi qui les saisit, sans deliberer d'avantage, sans penser à la toute puissance de Dieu qu'ils avoient éprouvée en une infinité de rencontres, ils se resolurent de retourner en Egypte où ils avoient souffert tant de maux, & ils aimerent mieux se remettre sous le joug de la servitude, que de s'exposer aux dangers d'une guerre dont les suittes leur paroissoient si douteuses & si incertaines. Mais dans ce soûlevement universel de la nation, les deux fideles serviteurs de Dieu Caleb & Josüé firent voir des dispositions fort differentes. Au lieu de se laisser corrompre par le mauvais exemple des autres, ils leur resisterent sistèrent avec une fermeté qui n'en peut avoir de plus grande, & ne doutans point qu'avec le secours du ciel, ils ne se rendissent les maîtres de la Canaan, montons hardiment, dirent-ils, & possedons ce païs-là, car pour certain nous y serons les plus forts. Aussi la fidelité de ces deux saints hommes fut glorieusement recompensée; eux seuls par un privilege singulier eurent la joye d'entrer dans la terre de promission, dont tous les autres furent exclus par un juste jugement de Dieu qui permit que la mort vint les surprendre dans le desert, aprés y avoir erré malheureusement pendant le cours de plusieurs années.

Ce procedé si contraire à celui des autres Israëlites peut servir à nous faire connoître le caractere de deux sortes de gens qui font profession de recevoir l'Evangile du Sauveur. Car il s'en trouve plusieurs en grand nombre qui se rangent exterieurement sous sa Discipline, & qui prêtent en apparence l'oreille à sa voix, mais qui viennent enfin à l'abandonner pour rétourner du côté du siecle. Ce sont les mondains & les temporaires qui n'ont qu'une foi legere & fragile sujette à être renversée dés le moindre choc. Les maximes de la doctrine celeste qu'ils ne peuvent comprendre les rébutent aisément; les grands obstacles qu'il est necessaire de surmonter avant que de parvenir à la Canaan d'enhaut, leur font perdre aussi-tôt courage, & dés le moment qu'ils y pensent toutes les delices du ciel n'ont plus de charmes ni d'attraits pour eux. Mais les vrais fideles sont semblables dans leur conduite à Caleb & à Josüé. Non contens d'entrer comme beaucoup d'autres dans le chemin du salut, leur plus grand desir est d'y faire de jour en jour de nouveaux progrez. L'exemple des profanes & des hypocrites qui tournent le dos au Sauveur du monde ne fait aucune impression sur leur esprit, & ayans sans cesse devant les yeux le glorieux but où ils tendent, c'est là qu'ils se proposent uniquement d'arriver, sans qu'aucune consideration soit capable de leur faire abandonner un si loüable dessein.

Nous avons, mes freres, une belle & une illustre preuve de cette perseverance dans les Disciples du Seigneur. Plusieurs de ceux qui avoient parû s'attacher à lui venoient tout d'un coup de se débander, & de quitter sa communion par une legereté criminelle. Ses paroles qu'ils devoient recevoir avec obeïssance de foi leur avoient semblé *dures* & inconcevables, ce qui leur avoit donné sujet de se retirer ailleurs ne voulant plus avoir avec lui de société cieté ni de commerce. Là dessus se tournant vers les douze Apôtres qu'il avoit choisis, il leur demande quelle étoit dans cette conjoncture la disposition de leur esprit, & s'il ne leur prenoit point envie d'en faire de même, *Et vous*, leur dit-il, *ne vous en voulez-vous point aussi aller?* Mais saint Pierre prenant la parole lui répondit sur le champ dans l'ardeur du zele qui l'animoit, que non seulement ils n'avoient garde d'avoir des pensées & des sentimens de cette nature, mais que de plus leur resolution étoit de demeurer inseparablement attachez à lui, puisque de là dependoit tout leur bonheur, *Seigneur*, dit-il, *à qui irons nous? tu as les paroles de vie eternelle.* Ainsi pendant que les hommes charnels emportez par leurs passions abandonnent le Fils de Dieu, & rejettent ouvertement sa communion sainte, voici ses Apôtres qui poussez d'un tout autre esprit, lui declarent par la bouche de l'un de leur Compagnons que leur intention est de lui *être fideles jusques à la mort* & d'avoir tant pour sa personne adorable, que pour sa doctrine emanée du ciel tout l'attachement dont ils sont capables. Meditons, mes freres, aujourd'hui ce grand exemple avec soin, & proposons-nous d'entrer dans les sentimens de ces fideles Disciples pour demeurer fermes comme eux dans

les interêts de nôtre divin Redempteur. J'avoüe que son Evangile ne manquera pas de choquer & de rebuter nos esprits si nous en voulons juger par les fausses maximes de la chair & du sang, mais si nous consultons l'Esprit de Dieu il nous aprendra qu'en la personne du Sauveur *sont ca-*
Colos.2. 3. *chez tous les tresors de sagesse & de science*, & faisant retentir à nos oreilles la voix de sa grace, nous n'aurons pas de peine à reconnoître la verité que nous enseigne ici son Apôtre qu'il a veritablement *les paroles de vie eternelle*. Mais avant que d'examiner sa réponse, il est necessaire de considerer l'interrogation de Jesus-Christ qui la precede. Car que demande-t'il à ses Disciples? *s'ils ne s'en veulent point aller*, comme tant d'autres qui l'avoient quitté; & que lui répond en suitte saint Pierre, c'est que quelque chose qu'on fasse il n'est pas possible d'aller raisonnablement à d'autres qu'à lui, puisqu'en sa communion se trouve tout ce qui est necessaire pour nous rendre heureux. Ce sont les deux points que nous traitterons en ce discours, pourveu que de vôtre côté vous nous prêtiez une attention Chrêtienne & religieuse, prians avec nous ce grand Sauveur qui a les paroles de vie eternelle, d'accompagner les nôtres presentement de la vertu puissante de son Esprit qui imprime si profondement

ment dans nos cœurs la verité de sa doctrine qu'elle n'en soit jamais arrachée, & qu'au lieu de nous détourner aprés aucun autre, nous fassions toute nôtre gloire d'être à lui pour être enfin participans de cette vie bien-heureuse dont il est l'Auteur.

La demande que le Seigneur fait en ce lieu aux douze Apôtres est digne d'une attention particuliere, & nous croyons qu'il est à propos, afin d'en mieux penetrer le sens, d'y faire trois ou quatre considerations qui nous paroissent importantes. Celle qui se presente la premiere à nôtre meditation, regarde l'occasion qui engagea le Fils de Dieu à prononcer ces paroles, ne vous en voulez-vous point aussi aller? Ce fut l'apostasie de plusieurs de ses Disciples qui n'ayans pû goûter sa doctrine, & en étant choquez au dernier point, prirent la resolution de l'abandonner, comme saint Jean nous l'aprend dans les paroles precedentes. *Dés cette heure*, dit-il, *plusieurs de ses Disciples se retirerent en arriere & ne marchoient plus avec lui.* Voilà pourquoi le Seigneur s'adressant aux douze qui l'accompagnoient ordinairement leur demande s'ils ne veulent point imiter l'exemple de ces inconstans Disciples qui venoient de le quitter; Chose surprenante, que dés lors il se soit trouvé

vé des Apoſtats dans l'Egliſe ! Encore n'étoient-ils pas en petit nombre. Car l'Evangeliſte nous avertit que ce fut le crime de *pluſieurs* qui ſe ſeparerent tous enſemble de la communion du Seigneur. C'eſt là ſans doute un prodige qu'on peut à peine comprendre. Car quelle impreſſion les paroles du Fils de Dieu ne devoient-elles point faire ſur l'eſprit de tous ceux qui l'écoutoient. Quelle ne devoit point être leur vertu pour toucher puiſſamment les
2 Cor. 10. 6. cœurs, & pour amener *toutes les penſées des hommes captives ſous ſon obeïſſance* ? Non ſeulement tous les diſcours de ſa bouche étoient accompagnez d'une grace divine & charmante capable d'attirer invinciblement ſes auditeurs, non ſeulement il mettoit les myſteres de ſon royaume en un ſi beau jour & dans une ſi pleine évidence, qu'il lui ſuffiſoit de les propoſer pour convaincre les plus rebelles ; mais pour en confirmer la verité, il joignoit encore à ſes paroles un grand nombre de miracles qui ſortoient à toute heure de ſes mains, & qui atteſtoient hautement que la doctrine qu'il annonçoit ne pouvoit venir que de Dieu. Comment donc ne s'étonner point de voir ſes paroles rejettées, & foulées aux pieds dans un temps ſi favorable où tant de motifs conſpiroient enſemble pour les faire recevoir des hommes ? N'en

ſoyons

ſoyons pourtant point ſurpris, mes chers freres. Car c eſt avec beaucoup de ſageſſe que la Providence de Dieu a conduit les choſes de cette maniere pour remedier au ſcandale des ſiecles ſuivans où l'on ne devoit voir dans la communion exterieure de l'Egliſe que trop de mauvais Diſciples & de faux Chrêtiens ſe revolter de la foi & de la vraye doctrine qui eſt en Jeſus pour ſuivre les vaines imaginations de leur eſprit égaré. C eſt en effet un ſcandale qui donne ſouvent de la peine aux bonnes ames les rempliſſant d'une douleur amere, à la veüe de ces malheureux qui font naufrage quant à la foi. Il arrive même que ces triſtes chûtes, ſur tout quand elles ſont frequentes, cauſent aux fideles Miniſtres de Jeſus-Chriſt un découragement pitoyable, dans l'apprehenſion où ils ſont, quand ils en voyent pluſieurs abandonner la profeſſion de la verité, ſi ce n'eſt point en quelque façon par leur faute. C'eſt peut-être, diſent-ils dans ces rencontres, que nous n'avons pas mis la doctrine de l'Evangile dans tout ſon jour. Peut-être que nous n'avons pas fait tous les efforts neceſſaires afin de la propoſer d'une maniere qui répondît à ſon excellence. Peut-être que nous n'avons pas confirmé la verité de ſes dogmes ſalutaires avec cette évidence d'eſprit & de puiſſance qui peut dompter

en

en un moment toute l'incredulité des plus opiniâtres. Mais cessez de vous inquieter, chers & bien-aimez dispensateurs des secrets de Dieu. Vous n'avez manqué ni de zele, ni de courage dans l'exercice du saint emploi dont le Seigneur vous a honorez. Si la doctrine celeste qui retentit en vos bouches n'est point au goût de plusieurs qui en paroissent choquez, il n'y a rien en ceci d'extraordinaire, rien de nouveau, rien dont il ne soit aisé de trouver des exemples dans tous les siécles. Ce que vous voyez aujourd'hui avec un déplaisir extrême, s'est veu pareillement dans les jours les plus heureux du Christianisme, dans le temps des saints Cypriens, des saints Athanases, des saints Hilaires, & de tous ces illustres docteurs de la primitive Eglise qui ont si puissamment soûtenu le parti de la verité persecutée. Que dis-je, quel temps peut on se figurer où l'Evangile ait été annoncé plus purement que celui des Apôtres, ces hommes divinement inspirez & envoyez immediatement du Seigneur qui leur avoit donné des langues de feu pour le prêcher à tous les peuples, & qui les avoit enrichis de tous les dons propres pour l'accomplissement d'une entreprise de cette importance. Cependant c'est alors qu'il se trouve des Demas, des Hymenées, des Philettes, des Alexan-

Alexandres qui se détournent de l'Evangile, & les predications admirables d'un saint Paul & de ses Collegues dans l'Apostolat n'ont point assez de force pour retenir dans le parti du Redempteur tant de profanes qui l'abandonnent. Mais pour quelle raison en être choquez, puisque nous voyons le Sauveur lui-même abandonné pendant les jours de sa chair lors qu'il conversoit sur la terre avec les hommes. Ni la grace toute ravissante de ses expressions, ni la sublimité incomparable de sa doctrine, ni la douceur engageante de ses promesses, ni l'éclat des grands miracles qui en séelloient la verité, toutes ces choses n'empêchent point que plusieurs ne soient scandalisez de ses paroles, ils les rejettent avec mépris comme des absurditez ou des réveries, & ils s'en vont d'un autre côté ne trouvans point dans son école la satisfaction qu'ils desirent. N'est-ce pas ce qui doit nous consoler, quand nous remarquons son Evangile traité en nos jours d'une maniere semblable? N'est-ce pas ce qui nous doit empêcher d'en concevoir une opinion desavantageuse, dans la pensée qu'il ne lui arrive rien dont le Fils éternel de Dieu n'ait fait lui-même une triste experience?

De cette premiere consideration sur la demande que le Sauveur fait à ses Apôtres en en leur disant, *ne vous en voulez-vous point aussi aller*, nous passerons à une seconde touchant l'effet que produit d'ordinaire sur les esprits le mauvais exemple de ceux qui abandonnent l'Evangile. Car il est certain que le crime qu'ils commettent engage insensiblement les autres à en commettre un tout pareil, à moins qu'ils ne soient assistez d'une façon particuliere de la grace du saint Esprit qui les affermisse dans son alliance. Un homme qui a professé pendant quelque temps la doctrine du Redempteur, qui l'a embrassée avec quelques marques de zele, qui a témoigné s'y vouloir attacher avec fermeté, quand il vient à s'en degoûter, & à parler d'elle avec mépris, ne manque point de faire par ce procedé un grand & considerable tort à l'Evangile. Il n'en élogne par seulement les étrangers qui n'ont garde de se resoudre à en faire profession ouverte, quand ils voyent ceux-là même qui le professoient & qui paroissoient le plus empressez à le defendre le rejetter indignement sans en faire aucune estime, mais on ne peut doûter non plus qu'une conduite si dereglée ne trouble extrêmement les fideles, & ne leur mette dans l'esprit des pensées de defiance, capables de les faire succomber sous la tentation. C'est ce qui leur fait dire quelquefois; Il faut bien assûrément que

cette

cette doctrine ne soit pas aussi sainte que nous nous le sommes imaginez. Si elle avoit effectivement tous ces glorieux avantages qu'on lui attribuë, si elle étoit accompagnée de tous les caracteres de divinité que nous croyons y découvrir, est-il croyable que des gens, qui comme nous l'ont connüe & professée, ne la retiendroient pas avec fermeté plûtôt que de l'abandonner si legerement? Quelle apparence que nous soyons plus habiles qu'eux? Avons-nous plus de penetration & plus de lumiere? sommes-nous plus capables de juger sainement des choses? Ne seroit-ce pas une presomption & une folie d'avoir ces sentimens de nous-mêmes à leur prejudice, & n'avons-nous pas au contraire sujet de croire que si enfin ils en viennent là, ce n'est qu'aprés un serieux examen qui leur a fait remarquer dans cette doctrine des defauts sensibles & palpables. C'est ainsi que les Apostats ne se perdent pas seulement; mais en font perdre aussi toûjours quantité d'autres, avec eux les entrainans dans un même precipice. Leur exemple est funeste aux foibles qui n'usent pas de toutes les precautions necessaires pour se garentir des pieges du tentateur, ce qui montre combien est grand le crime de ces miserables deserteurs de la milice Chrêtienne, puisque souvent par leur

leur apostasie, ils sont cause de la perte d'un grand nombre d'ames qui les suivent aveuglement. Sous la Loi, on condamnoit à l'amende un homme qui aprés avoir creusé une fosse, & negligé de la remplir auroit causé par son imprudence la mort de quelque beste qui y seroit ensuite tombée. Quelles peines donc ne meritent point ceux qui s'éloignent de la doctrine du Fils de Dieu? Car que font-ils autre chose sinon qu'ils creusent par leur infidelité une fosse profonde à leurs freres qui faute de se tenir sur leurs gardes ont le malheur d'y tomber pour devenir les compagnons de leur peine comme ils le sont de leur crime. C'est ce qui pouvoit arriver aux saints Apôtres à l'occasion de tous ces Disciples qui avoient quitté le Sauveur, & c'est dans cette veüe qu'il leur demande s'ils *ne s'en veulent point aussi aller*, supposant que cette retraitte scandaleuse étoit bien capable de leur mettre dans l'esprit de telles pensées.

Exod. 21. 33.

Mais cette question qui leur est ici proposée par le Fils de Dieu peut avec raison nous causer quelque étonnement. C'est la troisiéme consideration que nous ferons sur cette matiere. Car pourquoi parler en ces termes aux Disciples, pourquoi leur dire comme il fait, Ne vous en voulez-vous point aussi aller? Est-ce qu'il ignoroit

roit leurs ſentimens, lui qui étant Dieu ſur toutes choſes ſonde les cœurs & les reins, & qui penetroit ſans difficulté dans leur plus ſécretes penſées? Ou bien eſt-ce qu'il veut en quelque ſorte les ſolliciter à ſuivre l'exemple de ces mauvais Diſciples qui l'avoient quitté? Car en leur tenant ce diſcours ne ſemble-t'il pas que c'eſt les mettre pour ainſi dire, *en la main de leur conſeil* pour ſe determiner du côté qu'ils jugeront le plus à propos? N'eſt-ce pas les rendre maîtres de leur propre conduite, & les Souverains arbitres de leur deſtinée ſans ſe mettre en peine du parti qu'ils aimeront mieux choiſir? N'eſt-ce pas même donner une eſpece de conſentement tacite à leur crime, en cas qu'ils fuſſent aſſez malaviſez pour ſe diſpoſer à le commettre; Et ne devoit-il pas au contraire mettre tout en uſage afin de les en détourner? Bien loin de leur demander s'ils ne s'en vouloient point aller comme les autres, il ſemble que ſa charité l'engageoit à leur tenir un langage entierement oppoſé, & à leur dire, qu'au lieu d'imiter ces malheureux qui venoient de renoncer publiquement à ſa communion, ils euſſent plûtôt à les regarder comme des aveugles qui ſe privoient inconſiderément de ſa grace & de tous ſes biens, & qu'ils devoient dans cette penſée ſe tenir fermement attachez à lui

sans qu'aucune consideration leur pût jamais inspirer d'autres sentimens. D'où vient donc, fideles, que le Redempteur leur parle en ce lieu d'une toute autre maniere? *Ne vous en voulez-vous point aussi aller*, laissant la chose dans l'indifference, comme s'il n'eût pris dans leur salut aucune sorte d'interest. Reconnoissons neanmoins que cette demande de Jesus-Christ à ses Disciples, quelque surprenante qu'elle puisse paroître d'abord est accompagnée dans le fonds d'une souveraine & d'une admirable sagesse. Ce n'est pas qu'il n'eût une connoissance tres-particuliere de leurs sentimens, & il n'avoit aucun besoin qu'ils les lui explicassent afin de les découvrir certainement, comme l'Evangeliste a le soin de nous en avertir expressément en ce même endroit. Car aprés avoir representé le Sauveur disant à ses Disciples,
v. 64. *il y en a quelques-uns entre vous qui ne croient point*, il ajoute, que *Jesus sçavoit dés le commencement qui seroient ceux qui ne croiroient point, & qui seroit celui qui le trahiroit*, & c'est ce qu'il leur fit connoître encore plus ouvertement dans la suite, quand il leur
v. 70, 71. dit, *Ne vous ai-je pas choisis vous douze, & l'un de vous est diable*, faisant allusion, comme saint Jean nous le declare, au perfide Judas qui le devoit trahir méchamment. Ce n'est pas non plus qu'il eût dessein par

cette

cette interrogation de les porter à la revolte, & de leur mettre, s'il est permis de parler ainsi, le marché à la main, pour prendre telle resolution, & suivre tel parti qu'ils voudroient. Loin de nous une si étrange pensée qui ne s'accorderoit point avec les mouvemens de sa charité. Car aimant, comme il faisoit ses Disciples avec des tendresses singulieres, il n'eût pû sans doute les voir lui tourner le dos sans douleur, & au lieu de les laisser faire, nous devons juger plûtôt qu'il n'eût rien épargné pour les engager à perseverer toûjours constamment dans sa communion.

Quelle raison donc peut l'obliger à leur dire presentement, ne vous en voulez-vous point aller? Il y en a, mes freres, plusieurs qui meritent d'être remarquées, & qui peuvent servir à justifier cette demande que leur adresse le Sauveur. C'est premierement pour leur faire comprendre qu'au lieu qu'ils ne pouvoient se passer de lui, il lui étoit tres-facile de se passer d'eux, & qu'il n'avoit aucun besoin de leur assistance ni de leur secours pour l'établissement de son Evangile. Non, dit-il, ne croyez pas qu'il soit proprement de mon interest que vous perseveriez dans mon alliance. Il y va en ceci non tant de ma gloire que de vôtre salut eternel. Quand il vous arriveroit de me quitter par une in-

Chrys. in Joan. hom. 46.

constance semblable à celle de ces autres Disciples qui viennent d'abandonner mon parti, je n'en recevrois aucun prejudice; je sçaurai bien reparer cette perte par d'autres moyens, & comme des pierres

Matth. 3. 9. mêmes il m'est aisé *de faire des enfans à Abraham*, aussi ne me peut-il être difficile d'attirer dans ma communion de nouveaux Disciples qui porteront courageusement les nouvelles agreables de mon Evangile en tous lieux, & qui sous ma protection en feront éclater magnifiquement

Ps. 16. 2. la gloire. En effet, mes freres, *nôtre bien ne peut aller jusques à Dieu* qui de sa part n'a aucun besoin de nos hommages ni de nos services. Si nous perseverons, bien loin de nous avoir obligation de nôtre perseverance, il est certain que c'est à nous que tout le profit en revient, & même nôtre perseverance est un pur effet de sa grace dont nous devons le remercier, car comme parle un Ancien, *les fideles qui perseverent reçoivent de Dieu une faveur, mais ils ne lui en font aucune.* Que nous cessions de lui être fideles, nôtre inconstance n'apporte aucune diminution à sa gloire, non plus que le Soleil ne perd rien de son éclat, encore que les peuples qui en sont brûlez le maudissent, & decochent des traits & des fléches contre lui, desorte qu'il est precisément de nôtre interest & non du sien que nous demeurions attachez

Potius beneficium accipiunt quam præstant. Theophyl.

à

à lui, & ne s'élogner point de sa communion, c'est non servir le Sauveur, mais plûtôt nous servir nous-mêmes.

A cette premiere raison on en peut joindre une seconde qui n'a pas été non plus oubliée par les Peres de l'Eglise; Car ils observent que quand le Seigneur dit à ses Disciples, *ne vous en voulez-vous point aussi aller*, il ne les chasse pas, mais qu'il est aussi fort éloigné de penser à les retenir contre leur gré dans son alliance. Seulement il les met dans cette espece d'équilibre, afin de leur faire comprendre qu'il n'avoit rien moins dans l'esprit que d'user d'aucune violence sur eux, pour les contraindre à faire une chose qu'ils n'auroient point eüe effectivement au cœur. Telle est la methode sage & equitable de ce grand Sauveur, bien differente de celle de ceux qui possedez & conduits par un zele aveugle pretendent qu'on peut legitimement forcer les consciences des hommes. Ce n'est point consulter l'Esprit de Jesus-Christ ni les maximes douces & charitables de son Evangile. Il nous appelle à soi, mais il nous attire par les seuls *liens de l'amour & par les cordeaux de l'humanité*, non par la terreur des menaces, ni par l'apprehension des supplices. Il laisse ces voyes violentes aux ennemis de son nom & de sa gloire qui manquans de bonnes raisons, pour donner

Chrys. hom. 46. in Joan.

Osée 11, 4.

ner de l'apparence & de l'éclat aux fausses doctrines qu'ils enseignent, tâchent de les mettre en credit & de les faire recevoir des peuples à la faveur des peines qu'ils dénoncent à ceux qui refuseront de les embrasser. C'est par ce moyen detestable que le Paganisme a travaillé pendant tant de siécles à se maintenir, s'imaginant, mais en vain, que les rigueurs qu'on exerçoit en toutes les parties du monde arrêteroient facilement le progrez du Christianisme, & empêcheroient les peuples d'abandonner le culte de ses Divinitez chimeriques & monstrüeuses. C'est de la même maniere encore que Mahomet s'est fait un si grand nombre de sectateurs, plantant ses dogmes impies & abominables, non par la persuasion mais par la force, & trainant le meurtre & le carnage par tous les lieux où il a passé. Comme l'Evangile est autant élogné de l'erreur que le ciel l'est de la terre, vous voyez aussi qu'il s'est établi par des voyes toutes contraires, sans violence, sans contrainte, par la seule evidence des raisons qui en confirmoient invinciblement la verité. C'est par là que le
ps. 110. 3. Seigneur s'est fait un *peuple de franc vouloir*, comme il avoit été predit dans le Pseaume; aussi n'approuve-t'il que les hommages volontaires qui partent du cœur, mais il deteste ceux qui sont extorquez par la violence

lence & par la crainte. Il ne peut souffrir ces victimes qui se font trainer par force au pied des autels, *Ce n'est point par la necessité ni par la contrainte que Dieu a de coutume de faire des gens de bien, dit saint Chrysostome*, & qui ne sçait aussi que le cœur de l'homme ne se peut forcer? C'est par la seule persuasion qu'il se gagne; ce sont les seules armes qui ont la gloire de le surmonter & de le vaincre; toutes les autres qu'on peut employer dans ce dessein sont inutiles, & ne servent même souvent qu'à le roidir d'avantage contre ceux qui s'efforcent d'attenter sur sa liberté dont il est naturellement jaloux. C'est pourquoi le Seigneur ne pense point à retenir par la force ses Disciples dans sa communion, il ne veut pas qu'ils demeurent à sa suite malgré qu'ils en ayent, & c'est dans cette veüe qu'il leur dit, *Ne vous en voulez-vous point aussi aller*, leur laissant en quelque sorte la liberté de choisir, & il en use à peu prés, comme Josüé à l'égard des Israëlites. Car les ayant tous assemblez il les exhorta à deliberer quelle étoit la divinité qu'ils avoient le plus à gré de servir, *s'il vous déplaist*, leur dit-il, *de servir à l'Eternel, choisissez vous aujourd'hui à qui vous voulez servir, ou aux dieux que vos Peres ont adorez au de-là du fleuve ou aux dieux des Amorréens*; Non certes que ce saint homme eût approuvé qu'ils eussent abandonné le vrai Dieu pour

Josue 24. 15.

courir aprés les vaines Idoles du Paganisme, c'étoit plûtôt pour les exciter par ce discours comme par un vif aiguillon à s'engager de plus en plus au service de ce grand Dieu qui avoit fait tant de merveilles en leur faveur ; aussi vous sçavez quelle réponse ils firent sur le champ à Josüé,
v. 16. *A Dieu ne plaise que nous abandonnions l'Eternel pour servir à d'autres dieux, car c'est lui qui nous a fait monter de l'Egypte, & qui a fait tous ces grands signes devant nos yeux, aussi nous servirons à l'Eternel, car il est nôtre Dieu.* C'est dans le même dessein que Jesus-Christ demande ici à ses Disciples, *s'ils ne s'en veulent point aller*; il leur donne, s'il faut ainsi dire, le choix, non pour approuver qu'ils se fussent conformez à l'exemple de ces faux Disciples, mais pour les engager doucement par ce saint & innocent artifice à ne sortir point de sa communion. Il ne les presse point par des exhortations fortes & réiterées à y demeurer ; Il connoissoit le penchant de nôtre nature, c'est de nous porter avec ardeur du côté des choses qui nous sont le plus severement defendües, au lieu que celles qu'on nous permet, nous deviennent indifferentes ; C'est ce qui lui fait dire presentement à ses Disciples *ne vous en voulez-vous point aussi aller*, se contentant de cette question, plûtôt que de leur adresser une interdiction expresse, comme un moyen

moyen des plus propres pour les disposer insensiblement & sans qu'ils s'en aperçûssent à lui demeurer fideles.

Et ici, mes freres, nous avons encore à faire une quatriéme considération qui merite bien de n'être pas legerement passée sous silence. Car admirez dans la maniere dont s'exprime le Redempteur la grandeur de la charité dont il brûloit pour les Disciples. En même temps qu'il semble laisser en leur liberté de l abandonner, il leur presente de puissans motifs pour les retenir à jamais dans son alliance par la consideration des marques sensibles & convaincantes qu'ils avoient reçües de son amour. Car c'est pour en rappeller le souvenir dans leurs memoires qu'il commence par ce mot *& vous*, à peu prés comme s'il leur disoit, On ne doit pas trouver étrange que les autres Disciples ayent abandonné la profession de ma doctrine; ils n'avoient point pour ma personne un engagement pareil à celui que vous êtes obligez d'avoir; je n'ai pas eu pour eux les mêmes tendresses que celles dont je vous ai donné tant de preuves, je n'ai pas pris de leur salut les mêmes soins que du vôtre. Mais vous que j'ai choisis par un singulier effet de ma grace pour vous honorer de ma plus intime familiarité, vous que j'ai preferez au reste des hommes pour vous admettre dans

dans ma confidence, & vous communiquer les plus importans secrets de mon royaume celeste; vous que j'ai tirez d'une condition abjecte pour vous élever à la glorieuse charge de l'Apostolat, & *vous*
Matth. 19. 28. *faire seoir sur douze trones jugeans les douze lignées d'Israël*; vous qui m'avez accompagné dans l'exercice de mon ministere, & qui êtes les témoins de tous les grands miracles que j'ai faits, vous dis-je aprés tant de faveurs répandües si abondamment sur vous, aprés tant de témoignages authentiques de l'affection ardente & sincere que je vous porte, seroit-il bien possible que vous n'eussiez aucune repugnance à m'abandonner, & n'auriez vous pas pour les interets de mon Evangile un tout autre attachement que ces mauvais Disciples qui n'ont pas reçeu de moi les mêmes graces que vous. *Et vous ne vous en voulez-vous point aussi aller ?* Cette interrogation du Sauveur ne manqua pas de faire sur les Apôtres l'effet qu'il en avoit attendu. Il leur avoit proposé l'exemple des Apostats non pour l'imiter, mais pour réveiller leur zele, & c'est aussi ce qui arrive toûjours dans les vrais fideles. Pour les temporaires, comme leur foi n'a ni la fermeté ni la constance des autres, elle peut être facilement ébranlée : la moindre pierre d'achopement qu'ils rencontrent en leur chemin suffit

suffit pour les faire aussi-tôt tomber; Il ne faut qu'un leger scandale pour leur causer les plus deplorables chûtes. Que quelques-uns abandonnent la profession de la verité, c'en est assez pour leur inspirer la pensée de les suivre, & de se jetter aprés eux dans le même precipice. Mais la disposition où les vrais fideles se trouvent est fort differente. La grace de Dieu qui ne les abandonne point depuis le premier moment de leur vocation vient à leur secours pour empêcher qu'ils ne succombent dans les tentations les plus dangereuses; de-là vient que ce qui renverse la foi des autres, c'est ce qui affermit la leur, & les exemples des Apostats au lieu d'avoir la force de les seduire, ne servent qu'à serrer plus étroitement que jamais les neuds sacrez de leur communion à Jesus-Christ. C'est ce qui les remplit au dedans d'une sainte indignation, & qui les confirme dans le bon dessein qu'ils ont pris, de ne renoncer jamais quoi qu'il arrive à l'honneur de son alliance. Vous en voyez clairement la preuve dans les Apôtres. Car leur prend-il envie de se retirer, comme il semble que le Seigneur les en avoit sollicitez? se disposent-ils à marcher sur les traces de ces Disciples inconstans qui l'avoient trop legerement abandonné? Point du tout, & ils n'en ont pas le moindre desir,

ſir. Ce qu'ils font ſeulement dans cette occaſion, c'eſt de répondre au Sauveur par la bouche de ſaint Pierre qui leur ſert d'interprete à tous, *Seigneur, à qui irons-nous? tu as les paroles de vie eternelle*, & c'eſt cette excellente réponſe que nous avons preſentement à conſiderer.

Jeſus-Chriſt comme ſaint Jean nous l'a ci deſſus apris, avoit interrogé les douze, mais ce n'eſt qu'un ſeul de leur compagnie qui répond, ſçavoir ſaint Pierre. Pourquoi direz-vous, lui plûtôt qu'un autre du ſacré College? Nous ne ferions pas cette queſtion, mes freres, ſi l'on ne pretendoit tirer de cette remarque un grand avantage contre la doctrine que nous enſeignons. Car on s'imagine que ſaint Pierre a été établi par le Fils de Dieu le chef viſible de ſon Egliſe. On veut à quelque prix que ce ſoit qu'il ait été revétu d'une dignité conſiderable qui l'élevoit de beaucoup au deſſus de tous les autres Apôtres, & c'eſt pour cela, dit-on, qu'ils ſe taiſent en ſa preſence; ils lui laiſſent prendre la parole, comme étant un privilege qui lui appartenoit inconteſtablement en vertu de ſon autorité Pontificale. C'eſt ainſi que les partiſans des Papes ont de coûtume de raiſonner, & la preoccupation de leur eſprit eſt ſi grande que par tout où ils croient trouver quelque choſe dit dans l'Ecriture à l'avantage

vantage de cet Apôtre, ils l'embrassent avec une extreme avidité, comme une preuve convaincante de la pretendüe Monarchie qu'ils lui attribuent. Nous ne nions point, mes freres, que cet Apôtre n'ait eu de grandes prerogatives, qui lui ont fait tenir un rang considerable entre ses Collegues dans le ministere Evangelique. Mais comme saint Pierre a eu les siennes, nous ne devons point douter que quelques-uns au moins de ses Compagnons n'en ayent eu d'autres qui nous donnent lieu de conclurre qu'ils ne lui ont point été inferieurs. Saint Paul ne craint point d'assûrer, *qu'ils ne s'estime en rien moindre que les plus excellens Apôtres*, & qui se representera bien tous les glorieux privileges dont le Seigneur la favorisé, n'aura pas de peine à reconnoître que saint Pierre n'a eu à cet égard aucun avantage sur lui. Quel jugement encore ne devons nous point faire de saint Jean qui étoit l'Apôtre favori, *le Disciple que Iesus aimoit*, celui qui reposoit en son sein, comme lui tenant de plus prés au coeur que les autres; celui à qui il recommande en la croix la sainte & la bien-heureuse Vierge, voulant qu'il la reconnût pour sa mere, & qu'elle de son côté le regardât comme son Fils. Si quelque chose de semblable avoit été dit de saint Pierre dans le nouveau Testament

2 Cor. 11. 5.

ment, ah! ce ſeroit alors qu'on triompheroit, on ne manqueroit pas de s'en prevaloir, & de nous le produire avec beaucoup d'apparat & de pompe, comme une preuve conſtante de ſa ſouveraineté. On ne doit donc pas s'arrêter à ces ſortes de conſiderations qui ne conclüent point neceſſairement. Il eſt vrai que ſaint Pierre répond pour ſes Collegues. C'eſt lui qui porte en quelque façon la parole. Mais faut-il de neceſſité pour cela qu'il ait été revêtu par deſſus les autres d un caractere diſtingué? Pourquoi ne regarderons nous pas plûtôt ce diſcours qu il tient au Seigneur, comme un effet admirable de ſon zele? Car il eſt certain que cet Apôtre qui déja de lui-même étoit d'un temperament vif & boüillant, avoit encore un zele tres-particulier pour le Fils de Dieu, & ces deux choſes jointes enſemble le rendoient promt & ardent tout ce qui ſe peut dans les occaſions où il s'agiſſoit de faire paroître ſon attachement à ſon ſervice. C'eſt ainſi que ſans examiner le peril où il s'expoſoit, il ſort avec precipitation de la nacelle pour aller ſur les eaux au devant de ſon divin Maître, pendant que les autres Diſciples n'eurent point aſſez de courage pour en faire autant. C'eſt par un effet ſignalé de ce même zele pour le Seigneur, que quand il predit à ſes Diſciples qu'ils ſeroient tous ſcandali-

ſez

sez en lui dans la nuit de son agonie & de ses souffrances, cet Apôtre à l'oüie d'une prediction si étrange, lui fait aussi-tôt le premier cette protestation solennelle, *quand même il me faudroit mourir avec toi, je ne te renierai jamais.* C'est encore dans les transports ardens de son zele qu'il ne peut souffrir les cruels outrages que les Juifs font au Redempteur dans le jardin des Olives, & les voyant se jetter sur sa personne sacrée sans deliberer plus long-temps il tire son épée pour les combatre, & d'un coup il emporte l'oreille droite de Malchus. Sur tout c'est ce zele qu'il témoigne quand le Seigneur demande à ses Disciples quelle opinion ils ont de lui; aussi-tôt il se hâte de répondre, & dans une conjoncture comme celle-ci prevenant tous ses Collegues qui ouvroient déja peut-être la bouche, il dit au Sauveur, lui seul pour eux tous, *tu es le Christ le Fils du Dieu vivant.* Ce même zele, mes freres, l'anime encore dans cette occasion dont nous vous parlons aujourd'hui. Affligé de voir le Seigneur qui semble douter de leur fidelité & de leur perseverance, il lui répond qu'il n'y a rien au monde dont ils soient plus éloignez que de le quitter, puis qu'ils font gloire d'avoir pour lui tous les sentimens de respect & de soumission dont ils peuvent être capables, *Seigneur*, dit-il, *à qui irons-nous? Tu as les paroles de vie eternelle.*

Que cette réponse est admirable, mes chers freres; qu'il paroît bien qu'en cette
Matth, 12, 34. rencontre *la bouche parle de l'abondance du cœur*, ou plûtôt, c'est le cœur lui-même qui parle, & qui se manifestant au dehors se fait entendre sur les levres du saint Apôtre! Peut-on imaginer des termes plus tendres, plus touchans & plus pathetiques, que ceux dont il se sert pour marquer au Fils de Dieu les sentimens qu'il a de lui? Il lui témoigne son respect en l'appellant *son Seigneur*, & pour montrer que ce n'étoit pas sans raison qu'ils s'attachoient inviolablement à sa personne à l'exclusion de tout autre, il reconnoît qu'en lui se trouvent veritablement *les paroles de vie eternelle.* C'est la definition qu'il donne à la doctrine de l'Evangile, & que contient elle en effet autre chose que *les paroles de vie eternelle?* c'est son sujet, c'est l'argument qu'elle traite, c'est ce qui nous en découvre parfaitement la nature, cette doctrine celeste n'ayant point proprement d'autre but que de nous procurer la joüissance de cette bien-heureuse vie. Naturellement nous nous trouvons engagez dans la damnation & dans la mort. Le peché dont nous sommes tous coupables dés le premier moment de nôtre naissance

ſance nous aſſujettit inévitablement à la malediction de Dieu, ſans qu'il ſoit au pouvoir d'aucun de s'en garentir par ſes propres forces. C'étoit fait de nous, & nous étions perdus ſans reſſource, ſi le Seigneur touché de nôtre miſere ne fût deſcendu du ciel ſur la terre pour annoncer aux hommes *ces paroles de vie éternelle*, c'eſt-à-dire ſon Evangile qui nous aſſûre, que nôtre paix eſt faite, qu'il n'y a plus de condamnation pour nous, que la mort eſt vaincüe, que ſon aiguillon eſt arraché, & que nous pouvons ſans temerité pretendre à la vie, & même à une vie éternelle incomparablement plus excellente & plus deſirable que celle que nous avons perdüe en la perſonne d'Adam nôtre premier pere. J'avoüe que dans l'état heureux où il ſe trouva par la benediction de Dieu, lors qu'il vint à ſortir de ſes mains divines, il pouvoit vivre éternellement; & s'il avoit été ſoigneux de perſeverer conſtamment dans ſon innocence originelle, il eſt certain que jamais la mort n'auroit eu d'atteinte ſur lui. Cependant à le bien prendre la vie dont il joüiſſoit alors ne meritoit pas ce glorieux titre d'éternelle, par ce qu'il la pouvoit perdre, comme auſſi par ſa deſobeïſſance à la volonté de Dieu, c'eſt un malheur qui lui eſt enfin arrivé. Au lieu que la vie qui nous eſt annoncée &

promiſe dans l'Evangile eſt d'une toute autre nature ; c'eſt une vie non ſujette au changement & à l'inconſtance, comme celle qu'Adam reçut de Dieu dans la creation, une vie non qui puiſſe nous être arrachée par les embûches ou par la violence de nos ennemis, mais une vie éternelle élevée infiniment au deſſus de toutes les viciſſitudes, une vie qui nous donnera des corps revétus de qualitez ſpirituelles & celeſtes, reſplendiſſans comme les aſtres qui brillent dans le firmament ; une vie incorruptible qui pour ſe conſerver dans ſa premiere vigueur n'aura pas beſoin comme celle-ci du ſecours des alimens, *car*
1 Cor. 6. 13. *Dieu détruira le ventre & les viandes*, mais qui ſera parfaitement ſemblable à celle des Anges, ces bien-heureux Eſprits qui vivent ſans manger ni boire ; une vie qui ne ſera jamais ſuivie de la mort, jamais accompagnée de chagrin, jamais troublée ni agitée par les maladies ; une vie en un mot que nous paſſerons non ſur cette terre baſſe qui eſt le theatre de l'inconſtance & le ſejour de la corruption où rien ne demeure long-temps dans une ſituation égale, non dans une Canaan ce païs decoulant de lait & de miel que Dieu promettoit autrefois en heritage à ſon peuple, non enfin dans un Eden ce ſejour de la volupté que Dieu avoit preparé au premier homme pour

pour son logement; mais que nous passerons dans ce haut ciel qui est le palais & le sanctuaire où Dieu habite en sa majesté, & où il se fait voir aux saints assis sur un trône auguste tout rayonnant de magnificence & de gloire, cette vraie Canaan d'enhaut où se trouve non du lait & du miel mais la source même des benedictions divines, ce vrai paradis arrosé non de quelques fleuves grossiers mais d'un fleuve de delices plus resplendissant & plus precieux que le cristal qui procede du trône de Dieu. Telle est la nature, telle la merveille de la vie que l'Evangile nous promet, & cela étant ne faut il pas demeurer d'accord que les paroles qu'il fait retentir à nos oreilles ne pouvoient jamais être mieux nommées que des paroles de vie éternelle?

Mais ce que nous devons principalement remarquer, c'est ce que saint Pierre dit ici au Redempteur que c'est lui qui a ces paroles en sa bouche. Cette prerogative pourroit bien d'abord ne lui sembler pas particuliere. Car pourquoi n'en dira-t'on pas autant de ceux qui sont établis pour annoncer l'Evangile au reste des hommes? N'ont-ils pas effectivement ces paroles de vie éternelle, puisque ce sont eux qui les proposent à haute voix, & dont le son se fait entendre jusqu'aux bouts du monde? Disons neanmoins que le privi-

lege d'avoir les paroles de vie éternelle n'appartient proprement qu'au ſeul Fils de Dieu. Si elles ſont dans les Miniſtres de l'Evangile, ce n'eſt ſeulement que parce qu'ils les empruntent de lui, c'eſt lui qui les met dans leur bouche, & ils ne ſont tout au plus que comme l'echo de ſa voix. Au lieu que ces paroles ſont dans le Sauveur originairement comme dans leur
1 Cor. 11. 23. ſource. *J'ai reçû du Seigneur*, dit ſaint Paul, *ce que je vous ai enſeigné*. C'eſt le caractere d'un fidele Miniſtre de Jeſus-Chriſt qui ne doit parler qu'aprés ſon maître & conformément à ſes intentions. Il ne doit rien avancer de ſon chef, rien propoſer aux autres que ce qu'il a premierement oüi & apris dans ſon école, & pour s'acquiter de ſa tache avec ſuccez, il eſt dans l'obligation de dire, à l'imitation du
Jean 7:16. Seigneur, *ma doctrine n'eſt point mienne, mais de celui qui m'a envoyé*. Comme ces paroles de vie éternelle ſont dans le Sauveur, parce que c'eſt lui qui les a revelées le premier aux hommes qui ſans ſon moyen n'en auroient pû jamais avoir de connoiſſance diſtincte, elles ſont en lui encore parce qu'il s'en ſert comme d'un inſtrument puiſſant pour nous vivifier & nous rendre victorieux de la mort. C'eſt ſa parole qui a donné l'être à toutes les creatures, car il parla, & les choſes en un

moment

moment furent faites. C'est sa parole qui resuscita glorieusement Lazare. Car à peine lui eut il commandé de sortir dehors, que ce mort enveloppé de bandes sortit sur le champ de son tombeau, & fut rétabli dans une nouvelle vie. C'est sa parole qui nous tirera tous de nos sepulcres à la fin des siecles, car dit-il, *l'heure vient & est déja que les morts orront la voix du Fils de Dieu & ceux qui l'auront oüie vivront.* Il en est de même dans la grace. La parole de son Evangile accompagnée de la vertu puissante de son Esprit ne vient pas plûtôt à frapper les oreilles de nos corps qu'elle nous ranime, & si elle nous trouve *morts en nos fautes & en nos offenses*, elle nous rend participans d'une vie spirituelle & celeste, qui nous donne sujet de dire comme l'Apôtre, *je vis non plus moi, mais Christ vit en moi, & ce que je vis en la chair, c'est en la foi du Fils de Dieu.* Mais non seulement *il a mis la vie & l'immortalité en lumiere par son Evangile*, non seulement il nous vivifie & nous regenere par sa parole, il a fait encore pour nous beaucoup d'avantage. Car c'est lui qui nous a acquis cette vie bien-heureuse par sa justice, il nous l'a meritée par ses souffrances, & comme sans lui nous serions toûjours demeurez dans la perdition & dans la mort, c'est à lui aussi que nous sommes uniquement redevables de cette

Jean 5. 25

Eph. 2. 1.

Gal. 2. 20.

1 Tim. 1. 10.

vie éternelle & glorieuse qui nous attend dans les cieux. C'est pourquoi il est tant
Colos. 3. 4. de fois nommé *nôtre vie* pour nous aprendre que comme il vit de lui-même, & par lui-même, nous ne vivons aussi que par
Jean 17. 3. lui. *Cette est la vie éternelle*, dit-il au Pere, *de te connoître seul vrai Dieu, & celui que tu as envoyé Iesus-Christ.* Nôtre vie depend donc de lui comme de sa veritable cause. C'est sa connoissance salutaire qui la produit au dedans de nous. C'est sa mort qui en est le principe & le fondement inébranlable; par elle il nous a reconciliez avec Dieu; par elle nous avons été delivrez de la malediction épouvantable que nous avions meritée; par elle étant heureusement animez il a fait couler dans nos arteres une vie divine qui nous change en de nouvelles creatures, cette vie sainte qui se commence ici bas par le moyen de la grace, & qui attendra un jour sa perfection quand elle sera couronnée de la gloire dans le ciel.

O qu'à bon droit donc saint Pierre dit ici à la loüange de nôtre divin Sauveur qu'il a les paroles de vie éternelle! Loüange certes qui en un seul mot en dit plus mille fois que n'en ont jamais dit les plus longs & les plus pompeux panegyriques; loüange qui éleve le Seigneur infiniment au dessus de tous ces illustres Heros dont les

les noms sont si fameux dans l'Histoire, & qui ne se sont rendus celebres que par les sanglantes batailles qu'ils ont gagnées. Ce ne sont point les meurtres ni les carnages qui font la gloire du Fils de Dieu, il la fait consister seulement dans la vie qu'il promet & qu'il donne à ceux qui le servent, & n'est-ce pas là un don qui rend son nom auguste digne d'être benit & celebré à jamais? Ne vous étonnez point, fideles, *si la grace* nous est representée *comme répandue sur ses levres.* O qu'il faut bien qu'il en soit ainsi, & le moyen qu'il en pût être autrement, ayant comme il *a les paroles de vie éternelle* dans la bouche? Quelles nouvelles plus douces & plus agreables que celle-ci pouvoit-il jamais nous annoncer, & comment à l'ouie de ces paroles de grace qu'il nous a lui-même apportées des cieux, ne nous écrier pas dans un saint transport, *O combien sont beaux sur les montagnes les pieds de celui qui nous annonce de bonnes nouvelles, qui publie la paix, & qui dit à Sion, ton Dieu regne.* C'est aussi ce qui ravit nôtre Apôtre en admiration. C'est ce qui le touche d'une façon extraordinaire, c'est ce qui lui fait prendre la resolution de se tenir à jamais attaché à lui. Il ne considere en sa personne que ces seules *paroles de vie éternelle*, & il n'y a aussi que cela proprement qui meri-

Ps. 45. 3.

Es. 52. 7.

te d'être consideré. Il ne dit pas au Redempteur, *A qui irons nous?* Tu as à distribuer à tes fidelles serviteurs des charges & des dignitez capables de leur faire tenir dans le monde un rang élevé qui donnera de l'envie aux plus desireux d'honneur & de gloire. Il n'en avoit point, & sa condition au contraire étoit des plus simples & des plus abjectes jusques là qu'il ne passoit entre les hommes que pour le fils d'un pauvre Charpentier. St. Pierre ne lui dit point encore, *A qui irons-nous?* Tu as dans tes tresors de l'or & de l'argent en abondance, dont tu te proposes de faire des largesses considerables à ceux qui t'auront été fidelles pour les enrichir à jamais. Il n'avoit rien de semblable non plus, lui qui étoit si pauvre qu'il n'avoit pas même
Matth. 8. 20. de lieu *où il pût reposer sa tête*, jusques là qu'il ne vivoit que d'aumônes, & qu'il n'auroit
Matth. 17. 27. pas eu dequoi payer le tribut sans le secours d'un poisson dans la bouche duquel la providence lui fit trouver un statere. L'Apôtre ne lui dit point enfin, *A qui irons-nous?* Tu as dans ta communion des plaisirs charnels & des delices mondaines pour contenter les desirs de ceux qui s'attachent à ton service. Helas il n'avoit rien de pareil, ce divin Sauveur, lui qui n'entretient ses disciples que de croix, qui ne leur parle que de souffrances, qui leur denonce que s'ils doi-

doivent s'attendre à quelque chose, c'est seulement d'avoir des afflictions & des miseres en ce monde. Jean 16.33 Mais encore que le Seigneur n'ait dans son parti ni plaisirs sensuels, ni richesses terriennes, ni dignitez mondaines, St. Pierre ne le rebute point. Qu'il soit destitué de tous ces avantages grossiers dont les hommes corrompus & animaux font tant de cas, il ne lui importe; il a en recompense *les paroles de vie eternelle*, & c'est ce qui suffit à l'Apôtre. C'est par ce côté qu'il le trouve sans comparaison plus aimable & plus digne d'être suivi que s'il avoit des trônes materiels, ou des couronnes perissables à distribuer: aussi est-il certain que c'est là *choisir la bonne part qui ne peut jamais être ôtée*. Luc. 10.42 Quand un homme sera élevé aux dignitez les plus éminentes du siecle, quand il aura des tresors, des possessions, des heritages sans nombre, quand il joüira des plus delicieux plaisirs, & qu'il se baignera, pour ainsi dire, agréablement dans les douceurs de l'aise & de la prosperité, si en même tems il n'a la pieté qui est le grand gain, en sera-t'il plus heureux au bout du conte, puis qu'il ne faut qu'un instant pour le priver de toutes ces choses qui l'ont tant charmé? Il n'y a point de moment où la mort venant le surprendre ne puisse inopinément le coucher dans le tombeau, & dequoi alors *lui servira-t'il d'a-* Matth. 16. 26.

d'avoir gagné tout le monde, s'il a le malheur *de faire perte de son ame.* Vanité des vanitez ! Aveuglement épouvantable des hommes ! Parce que le Redempteur n'a de son côté que *les seules paroles de vie éternelle* ils ne font aucun cas de son Evangile, il n'a point de charmes pour eux, ils voudroient que les avantages de la terre comme ceux du ciel se rencontrassent dans sa communion, & ils se donneroient alors de bon cœur à lui. Malheureux qui ne s'arrêtent qu'aux choses sensibles dont la joüissance ne peut les garantir de la mort, ni la retarder même d'un seul moment ; au lieu que vous voyez St. Pierre suivre une methode tres-differente, puis qu'il s'attache au Sauveur non dans l'attente de quelques richesses perissables, non dans la vûë de quelques dignitez passageres dont le vain éclat éblouït ses yeux, non dans l'esperance de quelques plaisirs qui chatoüillent ses sens & sa convoitise, mais seulement dans la consideration de cette vie éternelle dont il a les paroles en sa bouche, *Seigneur*, dit-il, *à qui irons-nous? tu as les paroles de vie éternelle.*

A qui irons-nous? O que cette interrogation a de force ! qu'elle dit de choses en peu de mots ; qu'elle marque bien un cœur vivement touché, penetré d'amour, d'estime & d'admiration pour le

Fils

Fils de Dieu! Que les autres, dit ce ſaint homme, ſe choiſiſſent tant qu'il leur plaira d'autres maitres & d'autres Docteurs pour les écouter. Ce ne peut être qu'à leur confuſion en ce preſent ſiecle, & à leur malheur éternel en celui qui eſt à venir. Mais pour nous qui ne nous laiſſons point préoccuper par des apparences trompeuſes, nous faiſons profeſſion de ſuivre d'autres maximes, nous ne voulons aller qu'à toi, ô divin Sauveur, & à quelqu'autre en effet pourrions-nous avoir recours? A qui des malades s'adreſſeront-ils, ſi ce n'eſt à leur medecin qui a une connoiſſance exacte de toutes leurs infirmitez, & qui a de plus en ſa main les remedes propres pour operer infailliblement leur gueriſon? A qui des brebis s'adreſſeront-elles ſi ce n'eſt à celui qui eſt leur Paſteur, & qui ſçait leur fournir abondamment la pâture dont elles ont beſoin pour leur ſubſiſtance. A qui des diſciples s'adreſſeront-ils pour recevoir les inſtructions qui leur ſont neceſſaires, ſi ce n'eſt à leur Maitre dont les vives & penetrantes lumieres peuvent en un moment leur découvrir tout ce qu'il y a dans les ſciences de plus épineux & de plus obſcur? A qui des ſujets oppreſſez s'adreſſeront-ils ſi ce n'eſt à leur Souverain, afin qu'il les prenne ſous ſa protection, & qu'il repouſſe par ſa puiſſance les attaques de leurs

leurs ennemis? Et ne ſont ce pas autant de titres qui conviennent admirablement au Sauveur? C'eſt le grand & le ſouverain medecin de nos ames qui eſt venu nous viſiter par un ſingulier effet de ſa graçe pour nous guerir de nos maladies ſpirituelles par la vertu de ſes remedes divins & ſurnaturels. C'eſt le grand & le ſouverain Paſteur de l'Egliſe qui s'eſt chargé charitablement du ſoin de conduire & de paître ſes brebis

pſ. 23. 2. myſtiques, qui *les fait repoſer dans des parcs herbeux, & qui les mene doucement le long des eaux claires.* C'eſt le grand & le ſouverain Docteur de la nouvelle alliance, le vrai Prophete immediatement ſuſcité de Dieu, qui ſeul eſt digne d'être religieuſement écouté, & qui eſt venu nous annoncer les meilleures nouvelles qui ayent jamais été entenduës. C'eſt enfin nôtre grand & nôtre ſouverain Monarque que le Pere éternel a élevé à ſa droite, & qui tient en ſes mains puiſſantes les reſnes de tout l'univers. Tant d'avantages glorieux qui ſe rencontrent en ſa perſonne montrent bien que tout nôtre bonheur conſiſte à nous dire les ſujets de ce Roi, les diſciples de ce Prophete, les brebis de ce Paſteur, & à ne chercher point d'autre ſecours que celui de ce Medecin dans nos maux. Auſſi c'eſt ce qui oblige l'Apôtre à lui declarer hautement que ni lui ni ſes Collegues n'iront jamais

mais à aucun autre qu'à lui, *Seigneur à qui irons-nous?*

En effet, mes freres, à quel autre qu'à lui les disciples se seroient-ils raisonnablement adressez? A la nature? mais elle n'a point les paroles de vie éternelle, & si d'un côté elle nous entretient de la puissance & de la sagesse de Dieu, elle nous le fait voir de l'autre dans l'appareil redoutable de sa justice vengeresse, armé de foudres pour nous punir sans nous dire un seul mot de sa misericorde en Jesus. Se seroient-ils donc tournez vers les Philosophes? mais quelque profession qu'ils fissent *d'être sages*, ce n'étoient néanmoins que *des foux* qui seduisoient le genre humain par leurs opinions extravagantes & ridicules, & qui étoient entierement aveugles dans les choses du salut? Auroient-ils par consequent eu recours aux Scribes & aux Pharisiens qui avoient un si grand credit dans leur nation? mais ce n'étoient que des imposteurs & des fourbes qui se vantoient bien d'avoir *la clef de la science*, & *d'être assis en la chaire de Moyse*, mais qui n'avoient pour but que d'imposer aux peuples credules par les mensonges grossiers qu'ils debitoient impunément. Auroient-ils enfin consulté la Loi & cherché dans ses preceptes les enseignemens necessaires pour arriver au bonheur? A la verité l'on ne peut douter qu'elle

Rom. 1:22

Luc. 12. 52
Matth. 23. 2.

qu'elle n'ait en ceci de grands avantages, & qu'elle ne nous donne des leçons admirables pour nous rendre heureux. Mais quoi qu'il en soit, on ne doit point craindre d'assurer qu'elle n'a point *les paroles de vie éternelle*. Elle promet bien la vie, car
Levit. 18. 5 elle dit, *fai ces choses & tu vivras*. Mais elle ne l'a jamais communiquée & elle ne la communiquera jamais à aucun des hommes. Au contraire elle n'est propre qu'à les plonger tous dans la mort, d'où vient
2 Cor. 3. 6. qu'elle est nommée *une lettre qui tue*, & l'Apôtre dans la même pensée nous aprend
Rom. 7. 10 que *le commandement qui lui avoit été ordonné à vie a été trouvé lui tourner à mort*. Il n'y a, mes freres, il n'y a que nôtre Jesus seul qui ait *les paroles de vie éternelle*, & par consequent il n'y a que lui à qui nous puissions legitimement aller, *Seigneur à qui irons-nous?* Car cette interrogation est équivalente à une negation formelle, & c'est autant que si St. Pierre disoit qu'on ne peut justement recourir à aucun autre;
Aug. Tract. 27. in Joan c'est pourquoi St. Augustin faisant allusion à ces paroles introduit l'Apôtre disant,
Repellis nos à te, da nobis alterum te. *Seigneur ou ne nous repousse point de toi, ou donne nous un autre que toi*, pour donner à connoître, que comme il n'étoit pas en son pouvoir de donner aux hommes un autre que lui, il n'y avoit aussi que lui dans le monde auquel on dût avoir recours, puis qu'on

qu'on ne peut dire que de lui seul qu'il a *les paroles de vie éternelle :* Et cette declaration de St. Pierre est d'autant plus digne d'être remarquée qu'il a dessein par elle de se distinguer lui & ses Collegues de ces malheureux qui avoient quitté le Sauveur. Ils s'étoient détournez de lui, ne pouvant comprendre comment il peut en nous donnant sa chair à manger nous communiquer la vie. Mais St. Pierre fait profession d'embrasser cette doctrine dont les autres s'étoient scandalisez si mal à-propos. Il regarde le Seigneur comme le vrai pain de vie dont quiconque mange ne mourra jamais, & c'est dans cette croyance qu'il lui dit au nom de tous, *Seigneur à qui irons-nous? Tu as les paroles de vie éternelle.*

Que l'exemple de ce grand Apôtre fasse, mes tres-chers freres, une profonde impression sur nos esprits, & gravons si avant dans nos memoires ces belles paroles de St. Pierre, qu'elles ne s'en puissent jamais effacer pour nous servir de modele & de patron tant dans les choses qui appartiennent à la foi qu'en celles qui regardent les mœurs. Je dis premierement dans les choses de la foi. Car c'est une question agitée s'il est necessaire de nous adresser aux Saints qui regnent dans le paradis, & d'implorer leurs suffrages pour être les bien venus auprés du trône de Dieu. Nous soutenons

tenons qu'il suffit d'appeller le Seigneur à nôtre secours, & qu'il est puissant pour nous rendre favorable le Pere Eternel par la vertu de son merite. On soutient au contraire, que quelque grand que soit le credit du Redempteur, il est pourtant encore de nôtre interêt de recourir aux Saints, dont les oraisons ne peuvent manquer d'être bien reçûes. Que ferons-nous pour vuider ce different qui partage la Chrêtienté? Nous ne pouvons mieux nous y prendre, qu'en suivant le chemin que St. Pierre nous a tracé. Car écoutons le discours qu'il tient au Sauveur. Il declare en propres termes qu'en vain on voudroit aller à d'autres qu'à lui. Il reconnoit qu'il est puissant pour nous procurer le salut, puis qu'il *a les paroles de vie éternelle*. En faut-il davantage pour faire voir que nous ne pouvons nous abuser en ne nous adressant seulement qu'au Fils de Dieu? Car nôtre pratique s'accorde parfaitement avec celle de l'Apôtre. Nous suivons son conseil; nous faisons ce qu'il nous ordonne; il veut que nous n'allions qu'à Jesus, aussi n'allons-nous qu'à lui. Il pose pour maxime qu'on ne peut aller qu'à celui-là seul qui a les paroles de vie éternelle, & c'est un privilege incomparable qui ne se rencontre en aucun autre qu'en la personne de nôtre divin Redempteur. Mais, dites

tes moi, vous qui êtes dans un sentiment contraire, les Saints & les Anges que vous reclamez, partagent-ils cet avantage avec lui? Ou soutenez qu'en effet ils ont comme J.C. les paroles de vie éternelle; où reconnoissez qu'on ne peut sans injustice recourir à eux en qualité de Mediateurs. Ce sont, direz-vous, les amis de Dieu. Nous en demeurons d'accord. Mais est-ce à dire, qu'ils soient les dispensateurs des graces? Peut-on dire d'eux, comme de Jesus-Christ, qu'ils ayent enduré la mort pour nous. S'ils vivent dans le Ciel avec le Seigneur, à qui sont-ils redevables sinon à lui de cette vie bienheureuse dont ils joüissent! Par quel chemin sont-ils arrivez dans le sejour de la gloire, sinon *par cette voye veritable qui seule mene à la vie?* Jean 14. 6. Ne lisons-nous pas, *qu'il n'y a point d'autre nom donné aux hommes par qui nous puissions être sauvez que celui de Iesus*, Act. 4. 11. & quelles graces pouvons-nous desirer pour nôtre salut, qu'il ne nous soit aisé d'obtenir par son merite, puis *qu'il peut sauver à plein ceux qui s'approchent de Dieu par lui, étant toûjours vivant pour interceder pour eux.* Ebr. 7. 25. Que peut-on souhaiter de plus? Si nous sommes dans les tenebres il est nôtre lumiere, si dans l'ignorance *nôtre sagesse*, si dans le crime nôtre *justice*, si dans les soüillures du peché nôtre *sanctification*, si dans la mort nôtre *Redemption.* 1. Cor. 1. 30.

Je sçai qu'on prend de nôtre Doctrine sujet de nous accuser, comme si nous manquions de respect & de veneration pour les Saints, & l'un des plus fameux Interprêtes du parti Romain écrivant sur ce passage nous reproche de parler d'eux comme d'hommes morts pretendant que ce sont là des termes pleins de mépris. Mais Dieu soit loüé, si c'est là pour nous un crime nous avons la consolation de n'en être coupables qu'aprés le grand Saint Augustin qui parle precisément des bien-heureux dans les mêmes termes. Nous disons avec lui qu'ils sont morts, mais de telle sorte pourtant qu'ils ne laissent pas de vivre toûjours à l'égard de leurs ames recüeillies dans le Paradis. C'est là qu'ils se reposent en la compagnie du Seigneur de tous leur travaux, & qu'ils attendent avec impatience ce tems heureux où les ennemis de l'Eglise étans défaits, elle triomphera dans l'éternité de toutes leurs entreprises. Demeurons en là, mes chers freres. Admirons le bonheur dont les Saints joüissent, celebrons leurs vertus, soyons leurs imitateurs, & du reste si l'on nous sollicite de les reclamer, comme nos patrons & nos avocats, ne donnons qu'au seul Jesus-Christ cette qualité glorieuse, lui disans dans cette pensée avec son Apôtre, *Seigneur à qui irons-nous? tu as les paroles de vie éternelle.*

Maldonat.

Memorias Martyribus sicut hominibus mortuis quorum apud Deum vivunt spiritus fabricamus. Aug. de Civ. Dei lib. 22. c. 10.

Mais

Mais cette declaration Apostolique nous aprend aussi de quelle maniere nous sommes obligez de regler nos mœurs, non sur les exemples des profanes & des mondains pour y conformer nôtre vie, comme c'est la coûtume de plusieurs qui se croyent bien fondez de faire tout ce qu'ils voyent que les autres font. C'est ce qui leur tient lieu de raison, c'est par là qu'ils pretendent se pouvoir autoriser. Si Saint Pierre avoit fait un semblable jugement, c'étoit fait apparemment de sa foi, & il auroit dés l'heure même rejetté la Doctrine du Sauveur comme ces autres Disciples qui l'avoient abandonnée. Mais leur exemple ne le touche point. Autant qu'ils témoignent d'inconstance, autant il fait paroître de zele pour le Fils de Dieu, il s'attache à lui comme au vrai Messie qui devoit venir au monde, & protestant que rien au monde ne pourra jamais le separer de sa Communion, il fait profession de reconnoître qu'il est le Christ le Fils du Dieu vivant. Recüeillons de là que s'il arrive à quelques-uns de faire des fautes, c'est à nous de nous tenir sur nos gardes pour ne les point imiter. Il suffit qu'ils se perdent, puisqu'ils le veulent, sans que nous nous perdions aussi avec eux. Faisons plûtôt comme Noé qui se conserva pur sans se conformer aux mauvais exemples des habitans du premier monde, ou comme Lot qui demeura dans Sodome sans participer aux ordures de ses infames Citoyens, ou comme les poissons qui vivent dans la mer sans en prendre l'amertume. Quand nous verrions toute la terre abandonner le Sauveur, n'en soyons pas moins fideles à son service. Ce n'est point par la multitude, dit un Ancien, que nous devons juger des vrais adorateurs de Dieu, encore que le nombre en soit tres-petit, & souvenons-nous ici de l'exemple du Prophéte Elie. Il voyoit que tous les Israelites avoyent abandonné l'alliance de Dieu; ils avoient demoli ses Autels & égorgé ses Prophétes, en un mot il s'imaginoit être demeuré tout seul. Il s'en aflige, il soupire amerement; mais il demeure toûjours ferme, il persevere courageusement dans le bon parti, & il ne lui prend pas la moindre envie de grossir le nombre des adorateurs du faux Dieu Bahal. C'est ainsi que Nabuchodonozor ayant fait ordonner à tous ses sujets d'adorer la Statuë d'or qu'il avoit dressée, les trois compagnons de Daniel s'opposerent vigoureusement à cet Edit, & ne craignirent point de lui dire en face, *sache ô Roi que nous ne servirons point à tes Dieux*, & c'est ce que Liberius sçût bien répondre à l'Empereur Constance qui le pressoit de souscrire à l'Arianisme l'accusant de troubler

Cyril. Alex. in Joan. lib. 4. c. 3.

1. Rois. 19. 10.

Dan. 3. 18.

bler lui seul la paix de toute la Terre, *que je sois seul*, dit-il, *la cause de la foi n'est pas pour cela surmontée, car autrefois il ne s'en trouva que trois seulement qui resisterent au commandement du Roi.* Ce sont, mes Freres, ces glorieux exemples que nous nous devons proposer de suivre : mais pour nous porter à ce devoir qu'est-il besoin de remonter jusques dans ces siecles éloignez ? Si nous avons la douleur de voir des foibles en grand nombre qui ont quitté le parti de la verité, nous avons en recompense la consolation de voir devant nos yeux de ces forts en Israël qui ne suivent point la multitude pour mal faire ; nous voyons ces Illustres & Augustes Têtes, qui dans ce haut rang où la Providence les a élevées se souviennent neanmoins toûjours de la fidelité qu'elles doivent au Dieu Souverain & que l'éclat des riches Couronnes qui les regardent sur la Terre n'empêche point de penser principalement à l'acquisition de celle qui les attend dans les cieux. Ah ! mes Freres, dans la veuë de ces grands modeles de perseverance & de pieté nous aurions tort de croire que la verité est abãdonnée ; cette fille du Ciel a encore ici bas de puissans Protecteurs qui brûlent de zele pour ses interéts, & c'est ce qui ne doit pas peu servir à nous confirmer dans le juste dessein de nous attacher au Sauveur plus

Theod. hist. Eccl. lib.2.c.16.

fortement que jamais, pour lui dire comme autrefois Ruth à Noëmi sa belle-mere,
Ruth, 1. 17 *ainsi me fasse l'Eternel, &c. ainsi y ajoûte, que ce sera la mort seule qui mettra separation entre toi & moi.* C'est à ce seul Maître,
Cyr. in Jo. n. 6. comme parle S. Cyrille, que nous devons nous unir, en le prenant pour nôtre guide qui seul nous peut conduire à la jouïssance de la vie éternelle & bien-heureuse. O que cette sainte resolution si nous l'executons de bonne foi nous sera avantageuse! Que nôtre Communion avec Jesus-Christ nous procurera de biens! Que nous gouterons de plaisir & de satisfaction à oüir ces paroles de vie Eternelle qui sortent de sa Bouche sacrée? Voila, mes tres-chers Freres, les seules paroles que nous devons écouter. Je ne nie pas le monde n'ait aussi en apparence de belles paroles, des paroles douces & attrayantes qui flattent agreablement l'oreille; des paroles étudiées & ajustées avec un merveilleux artifice; pleines de tous les ornemens de la sagesse & de l'éloquence du siecle. Mais à Dieu ne plaise qu'il nous arrive jamais d'écouter de telles paroles qui n'ont point d'autre but que de nous plongerdans la mort, pareilles au chant funeste des Syrenes de la fable;
Ps. 55. 22. *elles sont plus benignes que l'huile, mais ce sont autant d'entamûres* pour parler avec le Prophete Roi,

Roi, si bien que nous ne pouvons trop nous precautionner à cet égard, imitans *l'aspic qui bouche son oreille a la voix de l'enchanteur* suivant la comparaison du même Prophete. Ce sont, mes freres, les seules paroles du Fils de Dieu qui meritent d'être écoutées. Ce sont elles qui nous devons serrer & *garder dans nos cœurs* à l exemple de la Sainte Vierge pour en faire nôtre vrai tresor. Elles nous serviront de conseil dans nos doutes, d'azile dans nos craintes, de remede dans nos maladies, de consolation dans nos ennuis, d'entretien dans la solitude & de passage à la vie au milieu même de la mort. Elles nous aprendront ce que nous devons chercher, *le Royaume de Dieu & sa justice*, ce que nous devons aimer, *Dieu de tout nôtre cœur & nôtre prochain comme nous mêmes*, ce que nous devons craindre, *celui qui peut détruire le corps & l'ame & les envoyer tous deux en la gehenne*, ce que nous devons desirer, c'est de *deloger pour être avec Christ ce qui nous est beaucoup meilleur*, ce que nous devons fuir, *la convoitise des richesses qui est la racine de tous maux*, ce que nous devons haïr, tout ce qui est capable d'apporter quelque obstacle à nôtre bonheur, sans en excepter aucune des choses les plus innocentes *pere, mere, possessions, nôtre vie même* quand la joüissance ne peut compatir avec les

Ps. 58. 6.

Luc. 2. 5.

Matt. 6. 33.

Matt. 22. 37. 39.

Mat. 10. 21

Phil. 1. 23

1. Tim. 9. 10.

Luc. 14. 26

les interêts de nôtre salut. Enfin, mes freres, les paroles du Redempteur, si nous en faisons en bon usage, nous serviront de *bouclier contre les dards enflâmez du malin*; par elles nous repousserons heureusement tous ses traits envenimez, & par elles nous aurons l'avantage de remporter sur le monde & sur nos ennemis spirituels une glorieuse victoire. Seigneur Jesus, Fils éternel de Dieu, c'est la grace que nous te demandons de tout nôtre cœur. Nous allons à toi, & à qui pourrions-nous aller si non à toi qui as les paroles de vie éternelle. Tu as ces paroles en ta bouche, mais grave les toi-même par la vertu de ton esprit *sur les plaques charnelles de nos cœurs*, afin que nous les recevions avec foi, que nous les embrassions avec ardeur, que nous nous reposions dessus avec confiance, que nous les retenions jusques à nôtre dernier soupir avec une perseverance inébranlable, pour éprouver un jour à nôtre grande consolation la verité de tes promesses, & jouïr selon nôtre ferme attente de cette vie éternelle que tu as eu la charité de nous acquerir par le prix inestimable de ton sang.

Eph. 6. 16.

2. Cor. 3. 3.

AMEN.

www.ingramcontent.com/pod-product-compliance
Lightning Source LLC
LaVergne TN
LVHW010003230826
846092LV00002B/627